REIHE NEUE LYRIK
Kulturstiftung des Freistaates Sachsen

Herausgegeben von
Jayne-Ann Igel, Jan Kuhlbrodt, Ralph Lindner

Kito Lorenc

# Windei
# in der Wasserhose
# des Eisheiligen

Gedichte und Schmungks

poetenladen

Erste Auflage 2015
© 2015 poetenladen, Leipzig
Alle Rechte vorbehalten
ISBN 978-3-940691-66-8

Reihe Neue Lyrik – Band 8
Herausgegeben von Jayne-Ann Igel, Jan Kuhlbrodt, Ralph Lindner

Illustration und Umschlaggestaltung: Miriam Zedelius
Druck: Pöge Druck, Leipzig
Printed in Germany

Poetenladen, Blumenstraße 25, 04155 Leipzig, Germany
www.poetenladen-der-verlag.de
www.poetenladen.de
verlag@poetenladen.de

NACH- UND VORGEFASST: Das Leben zwischen Eros und Erosion nutzen für Gedichte\*, die auf Potjomkinsche Städte und Böhmische Dörfer wirken müssen wie Wind, Wasser, Eis: abträglich

---

\* Schmungks (sächs.) - Zusammengekochtes

Der Autor statt eines Vorworts
ZU MEINEM DREIZEILER »SCHLAWAKISCHER ZIPFEL«

Gjeldjerlin! Gjotte! Gjejnrich Gjejne!
Süße frühe Rache für
Zitzinski Ketzka Domatzina

Die russische Wiedergabe der Dichternamen Hölderlin, Goethe und Heinrich Heine hat wohl – zumindest im Osten Deutschlands – noch mancher im Ohr. Sie klang für deutsche Ohren besonders verhunzt, ist doch aber nur den Eigenheiten der russischen Lautbildung geschuldet, die – ähnlich den Ausspracheklippen des Deutschen etwa für amerikanisch-englische Muttersprachler – nur durch besonders intensive Schulung des Sprachgehörs zu überwinden sind.

Eine etwas andere Bewandtnis hat es mit der in neudeutschen Medien üblichen mündlichen und schriftlichen Veruntreuung besonders minderbekannter slawischer Eigennamen, hier vorgeführt am Beispiel der sorbischen Dichternamen Ćišinski, Chěžka und Domašcyna. Ausgenommen von solcher Wurstigkeit sind, wenigstens weitgehend, die Namen von Ausleihsportlern, sogar slawischen. Dies freilich zeigt, dass die phonetisch richtige Wiedergabe dem Deutschen von seinem Zungenwuchs her durchaus möglich ist, vollbringt er doch solche Sprechwunder wie das sächsische »Hornzsche« (für Bruchbude, schäbige Kammer, wohl aus dem obersorbischen »hornja [stwa]« – etwa Oberstübchen). Die zeitlich oder nachbarschaftlich bedingt eher ostdeutsche Schluderei bei slawischen Eigennamen wird, scheint mir, inzwischen auch gesamtdeutsch hingenommen, unbemerkt oder doch unbeanstandet, aus Unkenntnis oder Desinteresse. Sie gilt, im Gegensatz zu solchen Fehlleistungen bei westlichen Weltsprachen, gewissermaßen als »Kavaliersdelikt« – jedenfalls dürfte solche Aussprach- und Schreibunsicherheit kaum eine Redaktion veranlassen, im Zweifelsfall kurz mal in einem der über Deutschland gar nicht so rar gestreuten Slawistik-Institute anzurufen oder in einem guten Wörterbuch nachzuschlagen, etwa für Russisch, das vor kurzem noch Weltsprache war.

Da hätte man zum Beispiel auch gefunden, dass »glasnost« (Öffentlichkeit) auf der ersten Silbe betont wird und nicht, wie bei diesem Schlagwort überall in Deutschland üblich, auf der hinteren. Aber das ist ja wohl nun vorbei. Und ich müsste nicht mehr so kleinlich mit Sorbisch herummotzen, wenn der auch auf solche Weise offenbar werdende Prestigeverlust des Slawischen sogar eine frühere Großsprache betrifft. Aber gibt es das – Groß- und Kleinsprache?!

Und zum Schluss noch: »motzen«, »herummotzen« – kommt das vielleicht von sorbisch »móc« (Kraft) und ließe sich auch mit »kraftmeierisch«, »nörgelnd schimpfen« umschreiben, besser noch mit »maulen«, »eine Lippe riskieren«? Warum eigentlich nicht, selbst wenn der Duden oder Grimms Wörterbuch nichts darüber sagen.

DASEIN

- Du wiederholst dich, Brummkreisel!
- Ich hol mich wieder, Hüftring, das Dasein holt mich.
- Es wiederholt sich, Windei, du bist nicht das Leben.
- Ich bin das Leben, Tretrad, weil ich lebe, lebt das Leben.
- Aber das Leben geht weiter, Luftblase, auch wenn es dich nicht mehr gibt.
- Für dich vielleicht, Hosenlatzknopf, für mich dann nicht.
- Mir geht es nur weiter, Rundholz, solange ich mich wiederhole.
- Das heißt, es gibt nicht *das* Leben, Pfandflasche, sondern immer nur *mein* Leben, *dein* Leben usw.
- Unser Leben ist das Leben, Sackkarre, und es holt sich wieder Leben, viele Leben …

2001. Kaum ist er rüber, sagt er »im vorigen Jahrhundert«. Im »vorigen Jahrtausend« ist ihm aber doch zu fett.

## Kein anderer Zweck

Ich steh zu den Eckpunkten
und stolpere über den linken
Flügel, lass ihn schleifen
um die Henne, die
duckt sich. O.K.
sagt Shepard und pinkelt
in den Raumanzug, als unten
Rino vorbeireitet
auf dem Glücksschwein,
über brechendes Glas. Dafür
gibt es eine Erklärung
die morgens immer kürzer wird
abends wieder länger, hab ich
gestern erst vergessen.

BEFUND. Undichte Schwimmblase, ins Knie geficktes Rheuma, fehlendes Gicht-Fersengeld, aber Zuckerspritzen in den Hintern.

## WER IMMER

In immer grauvollere
unvorstellbarere Jahreszahlen
und schlimmer als weiß
in aller Kreide
und grimmer wenn Dacapo
sich meldet führt er was im Schilde
Schelm wer unsere Vorstellung
nicht in erwarteter Richtung erweitert
nicht zur günstigsten Variante
harmlosester Vorstufe
einer hoffenden Landschaft
nimmer düsterer werdender
Anihilfarben! Schwarze Buchmacher!
Spekulanten! Nichtschwimmer! Und solche!

AUSKUNFT

Die Auskunft des Nichtstuers
ist dass er nichts tut
und dass es nichts tut
wenn er nichts tut
denn auch andere Nichtstuer
haben nichts getan tun nichts
Was auch immer sie nicht taten
es war ihr Nichtstun
mit dem sie dem allgemeinen Nichtstun
nichts hinzufügten
denn es gibt nichts
was ein Nichtstuer nicht
schon nicht getan hätte

SELBSTMORD (ältere Definition): Seltene, im realen Sozialismus mehr und mehr zurückgehende Todesart. (Meyers Lexikon in einem Band, Leipzig).

FRAGMENT

Tage und Jahre gehen
und ich nehme das Leben nicht ernst
glaube noch immer nicht
dass es ernst macht mit dem Leben
es macht mich nicht ernst
noch immer lächle ich ungläubig
vor seinem Ernst, lächle
weil ich nicht glaube was geschah
was das Leben geschehen ließ
als ich lebte

NORDIC WALKING. Da sind so Leute, denen ist der Wintersport zu teuer, sie laufen im Sommer immer bloß mit Stöcken herum. Bei uns ist schon der ganze Wald verstockt. Manchmal stehen diese Leute auf drei Beinen in der Dämmerung und schauen auf die grüne Leuchtschrift ihrer Armbanduhren.

## Lichte Höhe Edenkoben

Als ich aus den Weinbergen
zurück
kam die Weste
verkehrt
rum an wars
stopp eben
ne Oste
und die Brücke
der Brille nein
also buchstäblich
erst das Klischee du
Druckstock für Hochdruck du
Nachbildung ohne Eigenwert du
sprichwörtlicher Ausdruck du
Dudengebrabbel
Babylohn

ROMANANFANG. Er popelte, bekam Nasenbluten, legte den Kopf zurück, schluckte mehrmals und begann sich zu verdauen.

## Malte Igel

Malte saß auf seinem Schindeldach
und klopfte mit zwei Kumpels
alte Ziegel.
Da schlief er ein und wurde wieder wach
als Igel.

Als solchem war es ihm egal,
ob sein Hammer
Zehen oder Finger traf, auch wie viel Mal,
und um ihn schwoll
Gejammer.

Doch löcken wider Stacheln
mochte keiner, nicht mal sticheln.
Denn es war ein schöner heißer Tag,
wie man ihn beim Dachumdecken mag.
Von einer Landefähre fielen Kacheln
und Leute gingen picheln.

SCHOCKTHERAPIE. Wenn Sie während des Sex(es) einen Schock erhalten, fühlt Ihr Partner möglicherweise ein Kribbeln. Dieser Elektroschock schadet Ihrem Partner nicht. Aus: Die Therapie mit dem (…) Defibrillator. Bosten Scientific, 2007, S. 40/41

ZUFÄLLE

Hinter OBI gleich links
beim Waffenhändler
hol ich die Marderfalle
und nebenan
frische Eier

Thank you
for looking after my cat!
steht auf der Blechbüchse vor mir
Auf die andere sind Vögel gemalt
und auf einer dritten sieht man
den Hamburger Hafen

Warum nicht gleich so

Im Fichtenwald. Freude auf den Kahlschlag! Er bringt neues Leben, ist das Ende der Monokultur, bedeutet Verlangsamung der Zeit, Mischung, Fingerhut und Marienkäfer, Buchfink und Laubfrosch.

## NACHHALTIG

Wenn Gäste kamen
verschwand der Dackel
unterm Tisch
Sobald sie gingen
biss er sie in die Ferse

Waren Bücher verbilligt
kaufte Herrchen die
zögerte jedoch
sie zu lesen
vor seinem Tod

Nachhaltigkeit
ist im Prinzip was anderes
sonderlich für die Forstwirtschaft
Du aber schreibe nicht mehr
als dir einfällt

BIOGRAPHIE. Ich bin geboren am Führtenmärzenderbauer 9-10-Hundertschaft Achtung! drei-Sieg!

SOMMERBEGINN
(W. K. zum Achtzigsten)

Auf dem windigen Feld
die jungen Maispflanzen, grüne
Hühner, nicken
mit Blätterschnäbeln. Vom Dorf
weht Glockengebell.

Gesichtsbefußtsein – abhanden
kommt es noch vor, wenn
die Krimlinde, zwieselig,
am Straßenrand blüht
zu Johanni.

Da spannt meinen Zeigefinger
in seine Schraubzwingenfaust
abends der eifersüchtige Schmied,
führt lächelnd mich
aus dem Heimatfest.

SÜNDE. Sündigen und dann die Sünde noch einmal genießen bei der Beichte. (Dazu schickte mir ein gelehrter Freund eines seiner Lieblingsgedichte vom »Alten in Weimar«:

Niemand soll ins Kloster gehn,
Als er sei denn wohl versehn
Mit gehörigem Sündenvorrat,
Damit es ihm so früh als spat
Nicht mög' am Vergnügen fehlen,
sich mit Reue durchzuquälen.)

I LOVE IT

Schlecht ist die Welt, die Leute
taugen nichts, sagen die Leute.
So reden sie aus Erfahrung,
die tierlieben Menschenkenner.

Doch seit ich uns kenne
lieb ich auch Tiere nicht
noch Pflanzen oder sonst was,
da alles ICH LIEBE ES ruft

statt es wie früher schlicht
zu mögen. Vielleicht aber
auch nicht – dann raus
mit der Sprache: Es stinkt

mir, ist das letzte, wie
auch immer. Nimmer nicht, denn
die Liebe höret auf
wenn sie fremd geht

mit dem I LOVE IT.

VOLK. Wir sind das Volk, / mehr aber auch / nicht.
(Charles Bukowski, aus dem Gedicht »Bildet euch bloß nichts drauf ein«)

## Bevor Pferde

Bevor Pferde zu Wasser gehen,
prüfen sie es mit dem Huf.
So sieht man hierzuland selten
Krokodile im Fluss,
vermeint, sie wären Bäume.

Zaubersam zeigt sich der Mond
durch die Blüten am Strauch.
Gelb macht glücklich, sirrt er
über dem Rapsfeld.
Morgen schon welkt es mit Stunk.

Und fröstelnd sucht seine Mauer
der Mensch, fragt sich: was zieht hier,
kehrt den Rücken zur Wand.
Zu seinen Leuten sagt er:
Zieht euch warm an.

NEULUST. Wie viel besser klingt das doch als Neugier!

## KATER NERO

Mit ungeduldigem Gedichtpapier
dreimal zündelst du
bis dein bisschen Rom brennt

Dreimal streicht Nero
der schwarze Kater
um deinen Baldrian

Hokuspokus, schnurrte er
eben noch – jetzt faucht er
kreischt: Fidibus! Feuer!

VOREILIG. Ich plane plane, inzwischen schafft Körper der falsche Kumpel Tatsachen. Schnell schreibe ich, ihn abzulenken, Nachrufe.

## Aus der Narkose

Komm Gedichtpapier mein blaues,
dass ich die Borte gegen Worte tausch.
Es heißt: man weiß noch nichts Genaues –
verrätst du's mir wenn ich am Kissen lausch?

Leck Türe du mich mal und bleck du Fenster –
fünf Finger schon von neuen Versen fett.
Mensch Silke! ruft die Schwester, und Gespenster
bepflastern mich gleich unterm Bett.

Der Dok steht da mit langer Spritze
vor meinem Herz, ich werde es nicht reimen.
Und wer erinnert sich an dich, Marianne Britze?*
Ich sagte schon: Ich werde es nicht reimen.

Trag noch das Wasserbild, es ist ihr leerstes,
die Treppe runter, lass den Rahmen leimen.
Sie, Britze, stirbt. Da ist es nun mein erstes.
Und sei so nett, jetzt lass es reimen.

---

* Bautzener Malerin (1883–1980)

KEIN KUNSTSTÜCK. Der Welt untern Rock sehn, wenn sie kopfsteht.

## ZÄHLSTÜCK

> *Zwischen wie viel Skyllen und Charybden*
> *sind wir, Bruder, schon hindurchgewitscht?*
>
> Rainer Kirsch

Hat es noch Zahl, narrt mich das Zwischen,
zwischen wie viel Stühlen, Tischen – witsch
las ich im Grimm aus dem Gesicht rutscht wiehernd
Nikolajewitsch mit flinker Kutsch
witsch oder wutsch. Jedoch von neuem
flitscht es zwischen dir und zwischen mir
hinan den Uferhang: Gar nicht geheuer
schiens dem Rennachter, schier ungereimt,
der die Elster langschoss, laut im Walde
singend zählte was? die Schläge? Ich
mit dir acht Arme, Beine, Köpfe
zwei, linkswinklig zum Vor-Zurück
des Ruderns, merks mir so erst, jenes stete
BauAuf, das Flüstertütenkichern dann
zu uns hoch vom Steuermann, und jeder,
Schlag- um Schlagmann bis zum Bugmann strack
sich in die Riemen legend. Wir aber, Liebste
zwischen Baum und Borke – Zirbelspreu
vom Kuckuck angezählt, eh er als Sperber
abflog überm Elsterwirbeln, gen Herbst

DER ALTE POLIER W. SAGTE 1980:

Wenn die Russen einen Hund loslassen,
gehn wir alle zur Katze.

BURLESKE

Dem alten Dichter standen Tränen in den Augen
von dem Fahrtwind auf der *Fichtel-Sachs*.
Blutentnahme ließ ihn angezapft,
nach Stuhlabgabe lässig zugeknöpft

kam er heim. Hier buk er sich was Feines:
Mandelkuchen! (Die abgebrühten Kerne
schnipsten zwischen Daumen ihm und Zeigefinger
ähnlich kleinen Kitzlern aus den Häuten.)

Sein Dackel auf dem Sofa knabbelte
inbrünstig schielend an den Batzln sich.
Auch das ist Fußpflege! Noch am Klavier
wackelte der Dichter, Gicht und Podagra

vorbeugend, mit dem eingestrichenen C. Schon
lange reimte er beim Dichten nicht mehr schlicht
am Zeilenende, doch binnen kam es vor,
auch in unbetonter Stellung, wo unverhofft

ihm Gereim entschlüpfte, das zunächst
auf einem Versfuß hinkte, später hüpfte
und sein Los verknüpfte mit entfernten Knöpfen
eines Hosenstalles, der halb offen stand

in manchen Köpfen. Das ist das Alter!
meinten die: Er kann den Reim nicht halten
mehr, verliert ihn schon vorm ersten Zeilen-
ende. Doch ganz dicht war der noch nie.

GEDICHT. Ein Gedicht muss unklar sein. Über etwas, das sich von selbst versteht, muss man kein Gedicht machen.

## GEDICHT MIT DATUM

Dieses Gedicht hat ein Datum
Sonst steht oft gar kein Datum
bei den Gedichten oder nur
bescheiden darunter, meist rechts
und manchmal klammheimlich, also
eingeklammert. Hier aber
steht es weder drunter noch drüber
sondern im Text, so: 2.4.2009
Das ist mehr als ein Bestandteil
Man sagt ja auch nicht: Der Hund
ist ein Bestandteil des Mannes,
es heißt: der Mann hat einen Hund.
Und so lautet hier die erste Zeile:
Dieses Gedicht hat ein Datum,
und das ist mehr als genug für
ein Zeitgedicht, sonst reimt noch wer
Mandrill hinein oder Klammeraffe
und stellt das Gedicht ins Internet
wo es aufgerufen oder herunter
geladen wird oder nichts dergleichen.

## Von der Buchmesse

Autor H. sieht aus
wie Beethoven ohne Musik
aber so taub!

Lektor A. sieht aus
wie Gérard Philipe ohne die Ohren
aber wär es dann noch Gérard Philipe?

NOTIZ VOM AUGUST 2001. Endlich einverstanden mit dem »Nebenschauplatz«. Nur die Masse suggeriert, und der »Mainstream« folgt, das Eigentliche, die Hauptsache geschehe woanders.

AUF X.Y.

Man sieht ihn durch die Bücher spannen,
alte Freunde haut er in diverse Pfannen.

Endlich glaubt er es zu wissen,
was die Tannen in der Frühe pissen.

Ich heb das Bein an seiner Denkmalstele
und heule wölfisch um die Hundeseele.

BIRNEN. Wir schwärmen von den einfachen Speisen unserer Kindheit, wie Birnen zu Butterbrot. Dafür fuhr ich mit dem Fahrrad 50 km weit ins sorbische Großvaterdorf R., zur Birnenernte in den Großen Ferien, Ende August. Man musste nur aufpassen dort, dass man nicht zum Larven- und Käferablesen in die Kartoffelfelder delegiert wurde, denn »běrny« (gesprochen etwa: birne) heißt im Radiborer Sorbisch Kartoffeln, während man zu Birnen »krušwy« (kruschwe) sagt.

ALTER ENTWURF

Bald wird man die Birnen
wieder in die Bäume schrauben
dass sie erstrahlen gelb und weiß

Es geht aufwärts
plätschert das Hochwasser im Keller
und steigt zu den Kartoffelstiegen

Die Wiesen quatschen
in den Kuhhufspuren
und ziehen Gras

REIMLOSE LYRIK.  Die meiste Zeit war Winter
und mehr als die Hälfte Nacht.

## LETZTERER REIM

Die Mäuse in den Weihnachtsnüssen
schroten nachts und raspeln.
Sie tippen gar Schreibmaschine
ohne sich zu verhaspeln.

Alles tipsen sie mit ernster Miene
nieder, was sie behalten müssen.
Auch Gedichte rasseln sie munter
eins nach dem andern runter.

Letzterer Reim stammt von Gern-
hardt. Der malte dazu 'nen Bär'n,
welcher uns den Rücken zukehrt, und, angeregt
vom Namen Gernhardt, Tatze an sich legt.

IN NEUKIRCH (Lausitz) hört man über eine Frau sagen: Sie hat ein »reintunliches Gemüte« und einen »drinne-bleibste-Charakter«.

## KURZPORTRAIT EINES ALTEN KNABEN

Polyglotter Grottenolm
bleicher Schwarm der Mädchenseminare
Zungenwunder zu gut informiert
über Ungarn 1956
eingebuchtet von Analphabeten
umgepolt von der Stasi
entlassen
fleißig Akten zu füllen
1989 doppelt gewendet
neben sich ein jungpflaumiges Fell
trägt er seine gegerbte Vorhaut
über die Glatze gestülpt
die Nase hoch
zwillingsgeschützläufig

ALS FLIEGE sitzt man am besten auf der Fliegenklatsche.

## Pfingstverse

Dankbar empfängt man heute
auch das geringste Geschenk.
Wer stellt noch Schuhe vors Haus,
hat er den Fuß in der Tür.

Lieblich flötet, doch selten
der schöne Vogel Pirol.
Zum Lohn kriegt er des Kuckucks
einziges Pfingstvogelei.

Gemessen trampelt der Ochse
die Festwiese auf und ab.
Er hat es dick zwischen den Hörnern
und predigt wie Pastor Gauch.

SORBISCH. Im Sorbischen haben die Wörter swětło (Licht), swět (Welt) und kwětka (Blume) dieselbe Wurzel, die auch das deutsche »weiß« hat (nach Anton Nawka). Also: Weißer Lichtweltblumenstern.

ŻUBRÓWKA

Der Halm
Bisongras im Klaren
und dieser Wiesendurst

Das Meeresauge
blau aus dem Stein
lass mich sehen

»Ach moja luba lubka« *
die Handschrift
neben den Psalmen

Randnotiz des Lateinschülers
in der Sprache
seines Dorfes

Wiesendurst
und ein Halm
zum Ertrinken

---

\* Ach meine liebe Liebste (sorb.)

AUS DEM WÖRTERBUCH:
serbeln (schweizerisch für kränkeln, welken); ich serb(e)le
sorbeln …; ich sorb(e)le

VERWANDTSCHAFT

Ein Schwesterchen erstickt
unter den Kissen
Ein Brüderchen verbrüht
im Wurstkessel
aber
Onkel Franz
Onkel Jan
Onkel Jurij
Onkel Handrij
Onkel Pawoł
Onkel Jakub
Tante Kata
Tante Wórša
Tante Cila
Tante Hańža
Tante Hilža
Tante Měrka
leben
doch ich
hab die Pointe vergessen

UNSER ZEITALTER: Das Plastozän

### Blaue Kämme, graue

Blaubeerkämme erblauen,
Läusekämme vergrauen –
doch wer kennt sie nicht,
wer durchkämmte mit ihnen
nicht Heide und Haar
in seiner Jugend!

Außer er ist nicht
über siebzig und auch
nicht aus unserem Dorf
oder kennt über Haupt nichts
und unter der Hand wieder
und nochmals nichts,

weder Kamm noch Schere,
nicht Kraut noch Rüben,
und haust wahrscheinlich
in modernen Zeiten,
ungelaust und ohne
Blaubeerplinze.

WORTSCHEITE. Der Gescheite. Der Gescheiterte.

NACH MARJA KRAWCEC
(† 14.4.2014)

Marja, was siehst du
in der anderen Hälfte der Nacht?
Was tut wohl der Wind
wenn er nicht weht?

Von neuem mischt das Jahr
seine Sterne zum Spiel
und der alte Flieder duftet
trunken wie nie

Butterblumen umstehen
blühend das Haus
und du wirst Staub wischen
vom Tisch vor dem Fenster

Goldenen Staub, Marja
vorm Spiegel, der durchsichtig
dein Land zeigt und dich
geboren aus Sprache

DIE FRÜHEN WEGE. Er altert und erzählt, er wolle seine frühen Wege noch einmal abfahren. Und dabei knirscht der Kies vor seinem Haus, die Tür fällt dumpf ins Schloss. Dann sind Stimmen zu hören, die Namen von Verstorbenen hersagen.

## Sorbisch-deutsche Abendlesung

Nacht steigt
Poës, frische
Wische

Schöne Fröse
unvergleichlich
Wallei

Mond Glotze
duse später
Tolpen

Weine Klitte
so verschieden
Prossetlein

Blei bei unz
schinki schanki
Hypp!

VERS. Der erste Vers entsteht zwischen den Beinen eines Mannes in seiner Mütze.

FRÜHLINGSSPÜLUNG

Der himmelblaue Flieder blüht
am Umgebindehaus.
Aus einem engen Mieder
drängt eine Brust heraus.

Der Frühling ist ganz Fühlung!
Wenn wer wen gerne hat,
zieht er auch mal die Spülung
im Klo an dessen statt.

## ZWEI WASCHLAPPEN

Zwei Waschlappen
der eine kariert
der andre gestreift
    Immer mehr Ohren
    hören immer weniger
    Immer weniger Ohren
    hören immer mehr

Zwei Waschlappen
der eine für gut
der andre für bös
    Zum einem Ohr rein
    zum andren wieder raus
    Immer mehr wieder rein
    immer weniger wieder raus

Zwei Waschlappen
rechts und links
um die Ohren

DIE DROSSEL. »Gut, dann gehen wir«, wie die Drossel sagte, als die Katze sie am Schwanz aus dem Käfig zog. (Charles Dickens)

## TRAUM VON ISLAND

Wieder abgestiegen
bei den zwei Onkels
Im engen Bad
die beiden Zahnbürsten
in den zwei Bechern
Die Onkels fragen
zähnebürstend
warum ich immer
bei ihnen absteige
ich könnte doch auch
nach Island oder so
Das will ich auch
Unterwegs umarmt mich
eine weiche Frau
von hinten, sagt:
Du bist es!
Ich umfasse ihre Brüste
mir im Rücken
So umfangen gehn wir los
Bis Island können wir
so gehen, aber
sie dreht mich
zu sich um, sagt:
Nein, du bist es nicht!
Und lässt mich los
kurz vor Island

SLAWENSPIESS. Auch Römerbraten, Zigeunersteak, Brühpolnische, Sorbenstulle, Schwedentrunk, Negerkuss, Wendenpfanne, Und wie wärs noch mit Nationalitätenschüssel, Minderheiteneintopf?

WILDERUNG

In Augenhöhe mit den Brennpunkten
des Geschehens jetzt auch die
Umfrageverweigerer – ans Licht gezerrt
von der flackernden Öffentlichkeit, für
die letzte Tomatenblüte. Zu

spät! Das Krematorium »Tiertrauer«
(Öfen vorgeheizt auf 900 Grad)
glüht für Herrchen, Frauchen ist
längst abgeschoben in den globalen
Backofen, ihr Bestand gefährdet wie

die an sich seltene sorbische Brombeere
(rubus sorbicus), seit Menschen gedenken
des glockenhellen Pferdetrappelns, das
scheppert auf Kopfsteinpflaster nach
zur Ziegeldach-Abdeckerei, spannender

als Unzucht in Illustrierten, wenn
Subkontinente einander reiben unterm
Meer, wo Heringspups-Sprechbläschen
aufsteigen, schwärmerische Tiraden, und
Erzschatzknollen absacken in Kraterschlüfte

Tiefseegräben, während über TV-Affenwäldern
die eingeborene Kaulquappe ihren
Bromelienblatt-Tümpel durchschwimmt
auf dem Mutterrücken. Alsdann, Sauropoden!
reckt euch aus Megajahren, zum Gigafraß.

SPRECHGESANG

Deutschland Deutschland
schneller schneller
bitte Schatzi!
Hallo hallo
bitte komm, Schatzi!
Ich liebe deutsch
bitte ruf an
bitte bitte Schatzi!
Hallo hallo
Deutschland Deutschland
schneller schneller
Schatzi ruf an


(Mit tschechischem Akzent vorgetragen von einer
Frauenstimme im FF, nach Mitternacht)

## Papageientaucher

Rübsirup Bodyguard! Amselkurs
Englisch früh, Fronleichnams
Postkarten vom Kostbarsten, Reime
am Himmel Bügeleisen

Zum Licht, gegen das schwarze
Fenster von außen gepresst, weißer
Unterleib ein Mottenengel
spät, auf kurzer Rast

Im Augendreieck, vom Ende
gesehn, vom Anfang her die West-
männerinseln, Mitte
leer gelassen.

TUSCH. Nehmen Sie die Sixtinische Kapelle, nie wird sie einen ordentlichen Tusch blasen.

BOMBERPILOTEN
(Wiederaufnahme von 1974)

Sie gehen mit Aktenkoffern
in denen sie wohl Frühstücksbrote tragen
zu den Maschinen bedächtigen Schritts
in Kombinationen, die ihnen passen
wie angegossen
als gingen sie zur Arbeit, bestiegen
sogleich Bagger, Schlepper, Lokomotiven

Sie machen sich einen Treff aus
nach Feuerabend oder auch
miteinander unbekannt

DER SCHÄDEL. Auf dem Schlachtfeld von Halbe fanden die Eltern bei einer Berlinfahrt den vollzähnigen, wohl von Ameisen blankgefressenen Schädel eines offenbar jungen Mannes. Sie übergaben den Fund unserer Dorfschule, wo er als Anschauungsstück für den Biologieunterricht diente.

DIE NARBE

Kein Tag, da wir
nicht dachten an Krieg:
der verstorbene Mitschüler
zeigt meiner kleinen Schwester

den zerklüfteten Bauch
die Narbe von dem Spiel
mit der Fundmunition
seinen ganzen Stolz

die Schmerztrophäe!
Vom Glück erzählt er
dass Besatzer ihn fanden
zusammenflickten im Lazarett

Doch die kleine Schwester
wendet sich ab gruselt sich
Und so wurde nie was
mit den beiden

BEWUSST. Der kassenbewusste deutsche Arbeiter ...

## Einsatz im Oktober 2009

Zum Ende der Ziegenmilchsaison
Mondstaub aufgewirbelt
gänsehäutige Kerzenmärsche
Am Tatort angekommen

fallen plötzlich Schüsse, neudeutsch
und benachtbarte Druckfehler
Flachmänner vom Fach
ziehen blank: Stabilisierungs-

einsatz in Kabul! Später vielleicht
das Fastenbrechen, zur Dattel gelassen
Heute statt Majo mit Pommes
bei Gleichgesottenen, über Streams

und so, diese Wellen-Maden, aber dann
das B das man im All fand.
57 Oktaven unter dem das wir
gerade noch hören – ideal

für jede Militärmusik

HARMONIE. Lässt sich eher in der Gegenüberstellung von Gegensätzen finden als in der Verdoppelung (Parität) des Gleichen.

### Eishockey bei Weisswasser 1948

In Krummhölzern Wurzelknorren
suchten wir nach Kniestöcken
schlitterten ohne Schlittschuh, Stück
Gummiabsatz vor uns hertreibend

über die Lusha*-Wiesen. Brosigs
Biberle der schnellste schießt zwischen
die zwei bepinkelten Schneehaufen
am Torwart vorbei der bin ich

als der zappligste den zufällig
paar Scharfschüsse trafen doch heut
nicht mal das spottet der einzige
Zuschauer genannt Papageientaucher

festgefrorene Halme vor der Schnabelnase
fischt er mit halb verdeckelten Augen
dem Puck nach – da bin ich schon Luft
Wölkchen aus dem Mund ein Kuhschitt

verkehrter Reim auf Schlittschuh

---

*Lusha – sorb. łuža (Pfütze)

HERBSTTRAUM. Da war ein Licht, und es war nicht an einem Tunnelende. Ich ging auch nicht darauf zu, sondern pflückte bläulich verblühtes Schilf, das ich in einen Strauß für G. band.

OKTOBERMITTE

Oktobermitte, oben in den Nächten
ist mein Halt einzig die Vorstellung
der entseelten Elterngesichter
an jenem verwaisten Ort

Erinnerung auch, wie man einschlief
vorm Fernseher, der sich selbst
betrachtet die Space Night hindurch
während die Tiere schlummern

in den Erdhöhlen und dunkel
bemantelte Gestalten verteilt sitzen
auf glitzernden Wiesen, gebückt
in Schweigen und Einsamkeit

Das Eis knirscht vor der Mündung
vergessener Flüsse, die gestern noch
von Wärme dampften, und Sirenen wie
Menschenstimmen rufen zur Arbeit

LÖSUNG. Du siehst sie auf dem »gelösten« Gesicht des Toten und überlegst noch: Hat es die Heimbürgin so gerichtet?

HOROSKOP

Dreh ab jetzt und schwimme
zurück zu dem einsamen Strand
deiner Geburt, begrabe
alle Hoffnung gründlich

wie die Schildkröte ihr Geleg
ehe du für immer abtauchst
zu den Fischen des Sternzeichens
das dir voranleuchtet

Mag sein, der Sand schenkt
auch dir eine Brut noch
aus dem Verborgenen einst
und sie findet zum Licht

und in das Meer nach dir

DER ALTE FUCHS. In allem war er mir voraus, hatte bereits eine mit mehreren Ausgängen, ehe ich das Wort Fistel kannte.

## GRAUER STAR

Ein Wölkchen Rauch schwebt mir vorm Auge,
Weißlinge taumeln übers feuchte Gras.
Noch hat der Herbst kaum erst begonnen
und legt doch schon sein kurzes Maß

an unser aller Tage, Stunden.
Das Buch, in dem ich abends las,
tat ich beiseite, heb gegen Morgen
zur Sonne hoch das volle Glas

und stoße an mit dir, die eben
noch im Sommer bei mir saß.
Bis zur Neige! Und auf alles,
was das Leben schon in uns vergaß.

## Zu Himmelfahrt

Die Wiener Philharmoniker
pfeifen einen Walzer
das kleine Radio
ist voller Geigen
Katzen tanzen mit Hunden
dazu blüht der letzte Mai
und Mutter schläft im Garten
Vater lächelt aus den Bäumen
Die Kremserwagen ziehen
in alle Himmel

## Der schöne Traum

Die Liebste
kam zu mir
umarmte mich
sah mich nicht an

Fünfzig Jahre
träumte ich es
jede Nacht
blieb ich jung

Einen Tag
fand ich heraus
wo sie wohnte
ging ihr nach

Sie erwachte
als sie mich ansah
Ihr Blick erlosch
und ich war alt

## Die zwei Bälle

In dem Bottich voll Regenwasser
trieb zwei Bälle der Wind.
Mit dem einen spielte mein Bruder,
ich spielte mit dem andern als Kind.

Der Wind stieß die Bälle zusammen,
sie prallten voneinander ab.
Dann schwammen sie ein Stück beinander
und überholten einander knapp.

Hier fiel so lange kein Regen.
In seinem fernen Garten schläft der Wind.
Ich puste in dem Plastbecken vorwärts
deine zwei Bälle, mein Kind.

LIED AUS KUBA

Tulas Zimmer brennt
Tula ist eingeschlafen
Feuer Feuer!
Die Feuerwehr kommt
mit vielen Schläuchen
Tulas Zimmer brennt
Feuer Feuer!

## DIE GÄNSIN

Gänsin mit den gestutzten Flügeln
nach Jahrzehnten sah ich dich wieder
sieben Gössel grasten dir nach
hinter dem Zaun

Im Hof bei der Kirche
wachte der Ganter über euch
dein Blick war verwässert
einzig die Andeutung

jenes Federhaars, flüchtige
Biegung des Halses, sie
erinnerten an die weiße
Seglerin auf dem See

von der mir schwante
in den Träumen
die wiederkehrten
und nun enden

Bis zur letzten Schälung. Aller Schutzhüllen entblößt durch eigene und fremde Hand, zum Schluss nackt und scharf daliegen auf dem Hackbrett wie eine gehäutete Zwiebel.

AUF DEN MALER UND MAURER H.B.
(†12.1.2007)

Nicht ruhig stellt
dich je eine Kammer
Du öffnest sie weit
ins freie Feld

Stein war und Sand
dir erdenes Eigen
Die Farbe leuchtet
von deiner Hand

Dein Wort gilt
im Feuer noch, Freund
und reden wir nicht
spricht doch das Bild

SPRUCH

Gib dein Bestes, heb nichts auf,
horte nichts, gib ihm den Lauf.
Neues wird sich wieder finden,
wächst schon unter allen Rinden.

## Aus dem Tagebuch

Flach in der Schrift
liegt das Gedicht
In dir
richtet es sich auf
zu deiner Musik

So ruht ein Gesicht
im Pfirsichkern
aus dem schmutzigen
Aschenbecher
sieht es dich an

Sind wir gestorben
treten die Bäume
zurück
in die Gemälde
der alten Meister

Aber das Licht
weist auf neue Stellen
und Zweige brechen
aus allen
Rinden

HERBSTNACHT. Die Luft riecht nach Bulldozern und jungen Hunden. Den Himmel überm Dorf queren Wildgänse, mehrere Pulks. Unwillkürlich entfährt es mir: Ga-ga! Und ich denke an die nächste, sorbische Gedichtsammlung, wenigstens an ihren Titel: »Zymny kut« (Kaltes Eck).

## Die Meise

Du hast eine Meise
sagte jemand zu mir
Das war vor vielen Jahren
Jetzt endlich sah ich

meine Meise – sie kam
ans Fenster diesen Winter
und pickte an die Scheibe
Da bist du ja Meise

dachte ich bei mir
Spät kommst du Rumtreiberin
wo warst du so lange
dass du jetzt erst dich zeigst

Oder war ich selber
dauernd weg vom Fenster?
Dabei ist sie schön meine Meise
und so gut wie jede andere

## GEGEN DAS UNVERMEIDLICHE
*Anmerkungen zu Kito Lorenc' Gedichten*
*Von Jan Kuhlbrodt*

GEDICHT. Ein Gedicht muss unklar sein. Über etwas, das sich von selbst versteht, muss man kein Gedicht machen.

1

Wuischke. Ein Dorf in der Nähe von Bautzen. Sorbisches Siedlungsgebiet. Die Straßen im Dorf haben keine Namen, man hat die Häuser für die Postzustellung einfach durchnummeriert. Ihre Anzahl ist überschaubar. Von der Bundesstraße zweigt eine kleine Landstraße ab, eine Pappelallee ins Dorf. Zwei Kleinwagen können sich hier nicht überholen.

In der Nähe des Sportplatzes, den man nur bemerkt, wenn man um seine Existenz weiß, in einem alten Umgebindehaus, der ehemaligen Wohn- und Arbeitsstätte einer Weberfamilie, wohnt Kito Lorenc. Abgeschieden könnte man meinen. Aber doch in der Mitte der Welt. Hin und wieder treiben Astronauten durch seine Gedichte. Und er trifft auf Kollegen. Gernhardt und Bukowski werden erwähnt und zitiert, letzterer in einem sehr überraschenden Kontext.

Kito Lorenc beziehungsweise seine Gedichte begegneten mir zum ersten Mal 1984 und weitab von Wuischke natürlich. Ich war gerade 18, als im Reclam Verlag die Sammlung *Wortland* mit ausgewählten Gedichten aus zwanzig Jahren erschien. Der Name des Gedichtbandes verriet schon einiges über das Dasein des Dichters, seine Aufnahme der Welt um ihn herum. Und natürlich übte er auf mich und einige meiner Freunde eine fast magische Anziehungskraft aus.

Eine Welt, als sei sie beschriftet: zweisprachig zumindest, sorbisch und deutsch. Als hätte ein äußerst humorvoller Schöpfer vergessen, die Etiketten von den Dingen entfernen zu lassen. Das Fremde im eigenen Land, einem Land, das sich angeschickt hatte, eben alles Fremde einzuebnen, das sich immer mal wieder dazu anschickt. Ein gleichmachendes Land, dessen Politik über den Mutterboden rollte wie ein Braunkohlebagger durchs nordöstliche sorbische Siedlungsgebiet.

Gedichte sind, wenn sie gelingen, widerständige Gebilde. Aber auch die Landschaft, die sie durchwandern, mit Namenszetteln in den Händen, zum Beispiel ein Fledermausspezialist. Eingefangen in Lorenc' Gedicht, eingefangen zwischen Ironie und Verwunderung:
...
der einzige Mann in Mitteleuropa
von der biologischen Schädlingsbekämpfung, der
durch verschiedenste Umwelteinflüsse
zunehmend beunruhigt
mit kurzem Gesichtsschädel
und spitzhöckrigen Backenzähnen
Chitinpan
    zer
  k
      nack
        t

2

Vor uns liegt also ein Band mit neuen Gedichten des am 4. März 1938 geborenen sorbisch-deutschen Dichters. Texte, die hin und wieder auf den Reim zurückgreifen, die das Liedhafte nicht verbergen und an den Sprachgrenzen arbeiten, nicht nur denen zwischen Sorbisch und Deutsch, sondern auch da, wo der Sinn ins Absurde kippt. Durchsetzt ist der Band mit *Schmungks*, aphoristischen Gebilden aus teils vorgefundenem Wortmaterial, widerborstigen Sentenzen. In ihnen blitzt zuweilen die Prosasehnsucht des Autors auf, und zuweilen ersetzen sie ganze Romane.

Die Forderung nach Welthaltigkeit ist eine Forderung, die seitens der Kritik immer wieder an die Literatur herangetragen wird, deren Inhalt vage und unbestimmt bleibt. Aber vielleicht ist es etwas, das sich in Lorenc' Gedichten schon immer zeigt, und vielleicht ist es ja genau das, was dem Kollegen Peter Handke im Vorwort zu den ausgewählten Gedichten als Durcheinander erscheint und was ihn anzog, in die Lausitz zog, den Dichter zu besuchen. Das Gewirr des durcheinander Daseins.

In *Gedicht mit Datum* heißt es:

Dieses Gedicht hat ein Datum
Sonst steht oft gar kein Datum
bei den Gedichten oder nur
bescheiden darunter, meist rechts
und manchmal klammheimlich, also
eingeklammert. Hier aber
steht es weder drunter noch drüber
sondern im Text, so: 2.4.2009

Lorenc wirft im Durcheinander seine Anker aus. Und wenn die politische Drohung der DDR zum Gehorsam vergangen ist, bleibt die ökonomische und auch die der bürgerlichen Behaglichkeit der Gegenwart doch. Und so bleiben Lorenc' Gedichte Widerstandsnester. Nicht zuletzt Quellen des Widerstands gegen das Unvermeidliche, das Altern zumal. Und in diesen Nestern gedeiht ein zuweilen sehr grimmiger trotziger Humor.

# INHALT

Nach- und vorgefasst   5
Zu meinem Dreizeiler »Schlawakischer Zipfel«   6
Dasein   8
2001   9
Kein anderer Zweck   10
Befund   11
Wer immer   12
Auskunft   13
Selbstmord   14
Fragment   15
Nordic Walking   16
Lichte Höhe Edenkoben   17
Romananfang   18
Malte Igel   19
Schocktherapie   20
Zufälle   21
Im Fichtenwald   22
Nachhaltig   23
Biographie   24
Sommerbeginn   25
Sünde   26
I love it   27
Volk   28
Bevor Pferde   29
Neulust   30
Kater Nero   31
Voreilig   32
Aus der Narkose   33
Kein Kunststück   34
Zählstück   35
Der alte Polier W. sagte 1980   36

Burleske  37
Gedicht  38
Gedicht mit Datum  39
Vor der Buchmesse  40
Notiz vom August 2001  41
Auf X.Y.  42
Birnen  43
Alter Entwurf  44
Reimlose Lyrik  45
Letzterer Reim  46
In Neukirch  47
Kurzporträt eines alten Knaben  48
Als Fliege  49
Pfingstverse  50
Sorbisch  51
Żubrówka  52
Aus dem Wörterbuch  53
Verwandtschaft  54
Unser Zeitalter  55
Blaue Kämme, graue  56
Wortscheite  57
Nach Marja Krawcec  58
Die frühen Wege  59
Sorbisch-deutsche Abendlesung  60
Verse  61
Frühlingsspülung  62
Zwei Waschlappen  63
Die Drossel  64
Traum von Island  65
Slawenspieß  66
Wilderung  67

Sprechgesang  68
Papageientaucher  69
Tusch  70
Bomberpiloten  71
Der Schädel  72
Die Narbe  73
Bewusst  74
Einsatz im Oktober 2009  75
Harmonie  76
Eishockey bei Weißwasser  77
Herbsttraum  78
Oktobermitte  79
Lösung  80
Horoskop  81
Der alte Fuchs  82
Grauer Star  83
Zu Himmelfahrt  84
Der schöne Traum  85
Die zwei Bälle  86
Lied aus Kuba  87
Die Gänsin  88
Bis zur letzten Schälung  89
Auf den Maler und Maurer H.B.  90
Spruch  91
Aus dem Tagebuch  92
Herbstnacht  93
Die Meise  94


Nachwort: Jan Kuhlbrodt
Gegen das Unvermeidliche  97